La Brève H

Premièr

Mondiale

Les batailles des fronts occidental et oriental, la
guerre chimique et la défaite de l'Allemagne, qui a
conduit au traité de Versailles

(1914-1919)

Avis de non-responsabilité

1

Un aperçu rapide

La Première Guerre mondiale, également appelée **Guerre mondiale** ou **Grande Guerre**, est une guerre mondiale qui a débuté en Europe le 28 juillet 1914 et a duré jusqu'au 11 novembre 1918. Le 11 novembre est resté connu comme le jour de l'Armistice.

Toutes les superpuissances du monde sont impliquées dans cette guerre et sont composées de deux alliances conflictuelles : les Alliés (centrés autour de la Triple Entente du Royaume-Uni, de la France et de la Russie) et les Centraux (centrés à l'origine autour de la Triple Alliance de l'Allemagne, de l'Autriche-Hongrie et de l'Italie). Ces alliances se réorganisent (l'Italie fait défection aux Alliés en 1915) et s'élargissent au fur et à mesure que de nouveaux pays entrent en guerre (la Roumanie rejoint les Alliés, tandis que l'Empire ottoman et la Bulgarie rejoignent les Centraux).

Au final, plus de 70 millions de soldats, dont 60 millions d'Européens sur une population de 460 millions, ont été mobilisés dans l'une des plus grandes guerres de l'histoire.

Plus de 9 millions de soldats (13%) ont été tués, principalement en raison des grandes avancées technologiques en matière de puissance de feu (c'est la première guerre où les moyens et la technologie fabriqués en usine et produits rapidement l'emportent, comme les mitrailleuses, les gaz toxiques, les canons et les barbelés, et où les chars et les avions se généralisent), sans évolution correspondante en matière de mobilité (les tactiques utilisées remontent encore au 19e siècle, ce qui, selon les polémologues, est l'une des raisons du nombre considérable de tués (plus de 16 millions) et de blessés (plus de 21 millions de soldats blessés (30%)).

Un autre facteur important qui a également contribué au sacrifice massif de vies humaines a été la possibilité, pendant plusieurs années consécutives, d'appeler régulièrement des vagues successives de milliers de jeunes hommes comme conscrits, de les emmener sur les fronts et de les y déployer.

Ce déploiement est devenu tristement célèbre, principalement parce que des tactiques dépassées signifiaient que seuls des succès futiles pouvaient souvent être rapportés, malgré le sacrifice d'un très grand nombre de soldats.

Cela s'est manifesté par la capture de petites parcelles de no man's land, pour la plupart brisées, qui devaient ensuite être défendues ou reconquises à maintes reprises par des contre-attaques tout aussi massives, ce que l'on appelle la guerre des positions.

Il s'agit du sixième conflit le plus meurtrier de l'histoire mondiale, qui a ensuite ouvert la voie à des réformes politiques et/ou des révolutions dans les pays concernés.
4

En France (41 millions d'habitants en 1914), on estime que 4,3% de la population est décédée, au Royaume-Uni 2,1% (sur 43 millions d'habitants), en Allemagne (67 millions d'habitants) 3,8%, dans la monarchie austro-hongroise 3,7% (sur 51 millions d'habitants), dans l'Empire ottoman (18,5 millions d'habitants) 14,5%, dans l'Empire russe 1,7% (sur 166 millions d'habitants).

Le 28 juillet, le conflit commence par l'invasion austro-hongroise de la Serbie, suivie de l'attaque allemande sur la France par la Belgique et le Luxembourg et d'une attaque russe sur l'Allemagne. Après l'arrêt de l'avancée allemande sur Paris, le front occidental s'est installé dans une guerre d'usure statique de guerre de tranchées qui a peu changé jusqu'en 1917.

À l'est, l'armée russe combat avec succès les forces austro-hongroises, mais est repoussée par l'armée allemande. Des fronts supplémentaires ont été ouverts après l'entrée en guerre de l'Empire ottoman en 1914, de l'Italie et de la Bulgarie en 1915 et de la Roumanie en 1916.

5

L'Empire russe s'est effondré lors de la révolution russe de 1917, et la Russie est sortie de la guerre après la révolution d'octobre, plus tard dans l'année. Après une offensive allemande sur le front occidental en 1918, les troupes américaines sont entrées dans les tranchées et les Alliés ont repoussé les armées allemandes dans une série d'offensives réussies.

L'Allemagne, qui avait ses propres problèmes avec les révolutionnaires à l'époque (la révolution de novembre), a accepté un cessez-le-feu le 11 novembre 1918, qui sera connu plus tard comme le jour de l'Armistice. La guerre se termine par une victoire des Alliés.

À la fin de la guerre, quatre des puissances impérialistes - les empires allemand, russe, austro-hongrois et ottoman - ont été vaincues militairement et politiquement : les États successeurs des deux premiers ont perdu beaucoup de territoires, tandis que les deux derniers ont cessé d'exister.

L'Empire russe a donné naissance à l'Union soviétique révolutionnaire, tandis qu'en Europe centrale, une série de nouveaux petits États se sont formés. La Société des

Nations a été fondée dans l'espoir de prévenir de tels conflits à l'avenir.

Mais de cette guerre sont nés le nationalisme européen et la désintégration des anciens empires. Les conséquences de la défaite de l'Allemagne et du traité de Versailles vont finalement contribuer au déclenchement de la Seconde Guerre mondiale en 1939.

La Première Guerre mondiale s'est principalement déroulée en Europe. L'appellation "guerre mondiale" fait référence, d'une part, aux nombreuses troupes anglaises et françaises amenées en Europe depuis les colonies et, d'autre part, aux batailles qui ont effectivement eu lieu dans des colonies telles que l'Afrique, le Pacifique et le Moyen-Orient.

Cependant, l'ampleur de cette bataille extra-européenne était éclipsée par la massivité et l'intensité des combats en Europe même.

Après trois ans de guerre (en 1917), les Centrales étaient presque épuisées. Cependant, les alliés français, russes, britanniques et italiens l'étaient aussi. Cette année-là, les

États-Unis ont rejoint la bataille, ce qui a fini par donner le dessus aux alliés.

Après que le prince héritier d'Autriche-Hongrie François-Ferdinand et son épouse la comtesse Sophie Chotek ont été abattus par le nationaliste serbe de Bosnie Gavrilo Princip à Sarajevo le 28 juin 1914, l'empereur François-Joseph d'Autriche-Hongrie, soutenu par son allié l'Empire allemand, propose l'ultimatum de juillet à la Serbie.

Lorsque la Serbie, soutenue par une alliance avec la Russie tsariste, n'accepte pas cet ultimatum sur tous les points, l'Autriche-Hongrie mobilise ses armées et déclare la guerre à la Serbie le 28 juillet. Cela a provoqué une réaction en chaîne : plusieurs traités militaires existants sont entrés en vigueur, d'autres États alliés de l'Autriche-Hongrie ou de la Serbie se sont également mobilisés et ont déclaré la guerre aux États adverses, impliquant finalement la plupart des États européens dans le conflit.

La guerre oppose les puissances centrales, dirigées par l'Allemagne, à la Triple-Entente composée de la France, du Royaume-Uni et de l'Empire russe. L'Italie, qui a conclu un traité avec l'Allemagne, adopte une position neutre car elle est en désaccord avec les plans allemands concernant les Balkans. La Belgique neutre est envahie après un ultimatum allemand.

La guerre est devenue une guerre mondiale en raison de la participation britannique. L'Empire ottoman rejoint les Centraux, faisant du Moyen-Orient un champ de bataille également.

Alors qu'une guerre statique avec des tranchées se déroule à l'ouest, l'Allemagne tente de forcer une décision en mer.

Ainsi, la campagne des U-boat devient importante car le Royaume-Uni dépend des importations de biens et de nourriture. En 1915, la guerre sous-marine illimitée est introduite pour la première fois. Cette activité a été temporairement interrompue après le naufrage du Lusitania.

De 1914 à 1917, les frontières du front occidental ont à peine bougé. La bataille se caractérise principalement par des offensives sanglantes qui ne gagnent que peu de terrain.

Les exemples incluent la bataille de Verdun et la bataille de la Somme, au cours desquelles plus d'un million de personnes ont été tuées. Cela s'explique en partie par le fait que peu de tactiques innovantes ont été utilisées.

En 1917, des émeutes et des troubles ont éclaté dans l'Empire russe et une révolution a suivi. À la fin de cette année-là, la révolution d'octobre a renversé le régime des Romanov, après quoi les bolcheviks ont fondé l'Union soviétique.

Les combats contre les communistes se poursuivent et Lénine signe un traité de paix, appelé paix de Brest-Litovsk, avec les Allemands au début de 1918. La même année, les États-Unis entrent en guerre après la réintroduction de la guerre sous-marine illimitée et le télégramme Zimmermann, envoyant chaque mois au moins 25 000 nouveaux soldats en France et en Belgique. En mer, l'Empire allemand est lentement mais sûrement repoussé grâce à de nouvelles tactiques de convoyage.

Table des matières

Causes et déclenchement

La cause directe était le meurtre susmentionné de Franz Ferdinand et de son épouse Sophie Chotek. Cependant, les causes réelles sont plus profondes. Certains historiens considèrent que la popularité croissante du militarisme et du nationalisme radical en Europe en est la cause.

Ces mouvements reprochaient à leurs gouvernements leur passivité face aux menaces extérieures, encourageant ainsi la course aux armements en 1912 et 1913. D'autres analyses accusent l'impérialisme, les problèmes économiques et l'expansion territoriale effrénée des superpuissances.

Exceptionnelles sont les analyses qui considèrent en grande partie la guerre comme une initiative de la classe dirigeante pour freiner une révolution socialiste du prolétariat.

La cause profonde de la guerre était la politique étrangère impérialiste de la plupart des nations européennes, notamment l'Empire britannique, la France, l'Empire allemand, l'Empire austro-hongrois, l'Empire ottoman, l'Empire russe, l'Italie et la Serbie.

La tension et la rivalité entre elles ont lentement atteint le point d'ébullition pendant des décennies et, finalement, une confrontation directe entre les superpuissances était attendue. L'assassinat de François-Ferdinand et de son épouse a entraîné un ultimatum des Habsbourg à la Serbie, dit "ultimatum de juillet".

Diverses alliances qui s'étaient formées au cours des décennies précédentes ont été invoquées, de sorte qu'en quelques semaines, les superpuissances étaient en guerre. Par le biais de leurs colonies, le conflit s'étend bientôt au monde entier.

Au début du 20e siècle, un équilibre instable des pouvoirs s'est développé en Europe. De forts mouvements nationalistes sont apparus dans plusieurs pays. La France avait perdu l'Alsace-Lorraine au profit de l'Allemagne après la guerre franco-prussienne de 1870 et voulait récupérer ce territoire.

Elle fait face à une Allemagne unie et donc militairement forte et conclut une alliance avec la Russie. Au début du 20e siècle, un nouveau type de navire de guerre est apparu : le Dreadnought. Le Royaume-Uni et d'autres pays avaient besoin de reconstruire leurs flottes. L'Allemagne en a profité pour augmenter ses investissements dans la marine et a voulu, par cette voie également, acquérir plus de poids militaire en mer. Cela inquiète beaucoup les Britanniques : ils voient leur hégémonie en mer menacée par cette situation.

C'est ainsi que l'Allemagne et le Royaume-Uni se sont engagés dans la course à la flotte germano-britannique.

Sous la Realpolitik d'Otto von Bismarck, l'Allemagne s'était montrée prudente dans la diplomatie internationale. L'Allemagne monte les pays les uns contre les autres sur le plan diplomatique, comme lors du Congrès de Berlin. La guerre n'est déclenchée que lorsqu'un pays est isolé sur le plan diplomatique et qu'il n'a pas d'alliés puissants pour intervenir. Par la suite, on s'est efforcé de rendre la paix au pays vaincu aussi légère que possible, afin qu'il n'y ait pas de rancune persistante.

Celle-ci est abandonnée après la guerre franco-allemande et surtout la démission de Bismarck. Sous le Kaiser Wilhelm II, une politique plus agressive est menée : la Weltpolitik. Cependant, l'Allemagne s'aliène ainsi de nombreux États, qui craignent de voir leur propre pouvoir compromis.

L'Allemagne et l'Autriche-Hongrie sont alliées et la France a formé une alliance avec la Russie. Après la deuxième guerre des Boers, l'Angleterre cherche des alliés, mais un rapprochement anglais avec l'Allemagne est rejeté par les Allemands. L'Angleterre cherche maintenant à se rapprocher de la France et de la Russie.

Sur ce, cette alliance a été appelée la Triple Entente. Pour cette raison, la nation allemande se considère comme la victime d'une conspiration dirigée contre elle. Les Allemands s'inquiètent également du redressement rapide de la Russie après la défaite contre le Japon en 1905 et de l'agitation révolutionnaire qui s'ensuit.

Dans le même temps, de puissantes ambitions nationalistes s'épanouissent dans les États des Balkans, à la recherche d'un soutien diplomatique à Berlin et à Vienne, d'une part, et à Saint-Pétersbourg, d'autre part. Les panslavistes souhaitaient que la Russie soutienne les peuples slaves sous domination autrichienne.

Dans des régions comme la Slovénie, la Silésie et la Bohème, une forte conscience nationaliste slave a émergé, ce qui a suscité la peur et l'inimitié des Allemands. Les premiers mouvements pangermaniques et antisémites apparaissent (les graines du national-socialisme sont donc déjà semées au XIXe siècle).

Les nationalistes déterminent de plus en plus la politique du gouvernement. Les revendications s'accumulent et les peuples qui ont vécu pendant des années sous une autre administration et s'y sont adaptés, comme les Tchèques et les Polonais, veulent maintenant un État qui leur est propre. Ils recherchent de plus en plus le soutien de groupes extrêmes, comme la Main noire en Serbie.

Contrairement à la France et au Royaume-Uni, l'Allemagne possède peu de colonies, ce qui fait qu'elle est moins perçue comme une grande puissance. Selon les opinions qui prévalent en Allemagne à l'époque, le grand avantage des colonies réside dans le contrôle des flux commerciaux et l'accès privilégié aux matières premières et aux marchés. Les Allemands eux-mêmes le considéraient comme un "désavantage". L'Allemagne était

17

un retardataire, à qui aucune "place sous le soleil" n'avait été accordée.

L'Allemagne dispose de la plus forte armée terrestre du monde ; en général, les Allemands sont convaincus qu'une éventuelle guerre doit se terminer par une victoire allemande. La plupart des groupes nationalistes espéraient donc un conflit, et même ceux qui n'en voulaient pas ne ressentaient généralement pas le besoin d'éviter la guerre en soi.

Cette image a également été observée dans d'autres pays. Les Français, par exemple, n'auraient pas déclenché eux-mêmes une guerre pour récupérer l'Alsace-Lorraine, mais ils ont saisi avec empressement l'excuse offerte par l'Allemagne et sont entrés en guerre avec enthousiasme.

La guerre a été largement romantisée et considérée, notamment par les groupes de droite et nationalistes européens, comme "la grande purificatrice". La guerre rend l'homme "meilleur, plus fort, plus intelligent et plus mûr", "transforme les garçons en hommes". Les questions qualifiées de "maux sociaux" (par exemple, le chômage, le socialisme, le féminisme et l'homosexualité) se "dissoudraient d'elles-mêmes" par la guerre, garantissant une fois de plus l'intérêt personnel de toutes les élites nationales. Et après la guerre (évidemment gagnée), il y aurait un âge d'or où l'hégémonie serait assurée, l'économie se redresserait et se développerait, tous les gains territoriaux et coloniaux offriraient de nouvelles possibilités de carrière et les soldats victorieux rentreraient chez eux dans de grands défilés triomphaux.

Les différentes alliances étaient faibles. L'Allemagne et la Russie, les parties les plus fortes, se sont laissées guider par leurs alliés plus faibles respectifs, l'Autriche-Hongrie et la Serbie, de peur de les perdre.

Avant la Première Guerre mondiale, les différentes grandes puissances ont élaboré des plans pour "porter le premier coup". En France, par exemple, le très offensif Plan XVII a été conçu. En Allemagne, le plan Schlieffen est élaboré.

En Russie, le plan de l'armée est établi pour occuper immédiatement la Prusse orientale et avancer sur Berlin. Pour porter ce premier coup, la mobilisation des armées était nécessaire. Les mobilisations prennent du temps et ne peuvent être effectuées en secret. En pratique, cela signifie qu'une mobilisation doit être suivie immédiatement d'une déclaration de guerre ; attendre chaque jour signifie que l'autre camp a l'occasion de se mobiliser à son tour. Les soldats et les politiciens en étaient conscients.

L'Autriche-Hongrie a été sérieusement affaiblie. La double monarchie avait été humiliée par l'Italie et la Prusse, et elle avait également été presque coupée en deux par l'Ausgleich de 1867 ; elle cherchait maintenant une compensation par le biais des Balkans. Avec l'annexion de la Bosnie-Herzégovine en 1908, elle avait quelque peu rebondi.

Une victoire facile sur la Serbie permettrait à l'Autriche-Hongrie de prouver qu'elle est toujours une grande puissance. La Bulgarie s'est également sentie gravement humiliée et lésée après les guerres des Balkans. Toute occasion de traiter avec la Serbie, la Roumanie et la Grèce était la bienvenue.

L'Empire ottoman avait lentement perdu de plus en plus de terrain au profit du Royaume-Uni et de la France en

Afrique et de la Russie dans le Caucase au cours des décennies précédant la guerre.

En outre, la quasi-totalité de la province ottomane de Roumanie (les Balkans) avait acquis son indépendance vis-à-vis de l'Empire grâce au soutien de la Russie lors des guerres balkaniques. Ces guerres perdues ont entraîné un énorme flux de réfugiés ; des millions de Turcs des Balkans, de Crimée et du Caucase se sont installés en Anatolie centrale. En revanche, l'Allemagne n'a jamais occupé le territoire ottoman et, en raison des investissements allemands dans l'empire, elle soutient le gouvernement ottoman. L'Empire ottoman finit par s'engager dans la Première Guerre mondiale aux côtés de l'Allemagne, principalement pour reprendre à la Russie les territoires perdus dans le Caucase et en Crimée et pour éviter de nouvelles pertes de territoires à l'ouest.

Les tensions ethniques croissantes dans l'empire multiculturel ont toutefois convaincu le sultan et son gouvernement que l'Empire ottoman devait devenir plus nettement turc et qu'il fallait également rechercher des liens avec les autres peuples turcs du Caucase et d'Asie centrale. Ceux-ci pourraient se joindre à la lutte contre les Russes, qui étaient également leurs ennemis.

Dans certains pays, comme l'Italie et la Roumanie, il y avait une volonté d'aller avec la partie la plus offrante. Cela a contribué à prolonger la guerre.

Les différentes armées ont été fortement modernisées en termes d'artillerie et d'autres armements entre 1900 et 1914. L'organisation avait également été grandement améliorée sur le modèle prussien/allemand de l'état-major général.

Ce n'était pas le cas des plans et des tactiques. Celles-ci étaient fondées sur des hypothèses et des erreurs d'appréciation.

Le début de la guerre

Le 28 juin 1914, l'archiduc autrichien et héritier du trône François-Ferdinand et son épouse se rendent à Sarajevo, capitale de la province austro-hongroise de Bosnie-Herzégovine.

L'étudiant serbe de Bosnie Gavrilo Princip a tiré sur le Français Ferdinand avec un pistolet, après qu'un autre membre du gang serbe de la "Main noire" ait tenté en vain de tuer le prince héritier et sa femme avec une grenade plus tôt dans la journée. Dans cette tentative, seul l'officier de Ferdinand avait été touché.

Lorsque Frans Ferdinand a voulu rendre visite à son officier à l'hôpital, lui et sa femme ont été abattus en chemin.

L'opinion publique européenne s'est rangée du côté de Vienne plutôt que de la Serbie. Même les Russes ont retiré leurs mains des Serbes, leurs alliés traditionnels. Au début, l'attaque semblait se terminer par un sifflement : L'Autriche n'a pas semblé réagir.

Boule de neige

Après l'attaque du 28 juin, les choses sont restées apparemment calmes pendant plusieurs semaines. Dans les coulisses, Vienne a consulté Berlin avec succès. Berlin donne presque un chèque en blanc à Vienne le 6 juillet, dans la mesure où l'alliance entre les deux est de nature défensive. Ce chèque en blanc consistait en un engagement allemand, à savoir qu'une intervention russe entraînerait une réponse allemande.

Ce n'est que le 23 juillet que Vienne a présenté à la Serbie, par l'intermédiaire de son ministre des affaires étrangères, le comte Léopold Berchtold, un ultimatum de 48 heures, l'*ultimatum de juillet*. Cet ultimatum exigeait
24

d'aller au fond des choses. Pour cela, la Serbie a dû consentir à une profonde violation de sa souveraineté, notamment en admettant des policiers autrichiens.

La Serbie a également dû assumer la responsabilité de l'attaque. La Serbie a accepté toutes les demandes sauf une, à savoir autoriser les agents autrichiens sur son territoire. La Serbie a considéré cela comme une violation de sa souveraineté et a déclaré une mobilisation partielle de son armée.

L'Autriche a déclaré que la réponse était insatisfaisante et a rompu ses relations diplomatiques avec la Serbie le 25 juillet. L'Autriche a également déclaré une mobilisation partielle. Le 25 juillet, lors de la réunion de la couronne de Krasnoje Selo, la Russie décide de soutenir militairement la Serbie.

Dans le même temps, une conférence de médiation a été proposée par la Russie, l'Allemagne et le Royaume-Uni. Cependant, cette proposition est restée sans réponse. Une première phase de mobilisation de l'armée russe a suivi le 27 juillet. Le commandant de l'armée russe, Sergueï Dobrorolski, a déclaré par la suite que l'état-major russe considérait la guerre comme une fatalité dès le 25 juillet. Ils savaient que l'Allemagne suivrait ce mouvement.

Le 26 juillet, l'Allemagne décide de ne pas suivre l'idée de la Russie de les soutenir militairement. L'Autriche souhaite une guerre locale, en partie parce que la capitale serbe, Belgrade, se trouve juste de l'autre côté de la frontière avec l'Autriche-Hongrie de l'époque. Le 28 juillet, l'Autriche déclare la guerre à son petit voisin. Dès le lendemain, 29 juillet, Belgrade est bombardée par l'artillerie autrichienne.

L'Autriche-Hongrie décide le 30 juillet de procéder à une mobilisation générale. Ce jour-là, le tsar Nicolas II de Russie a également approuvé la mobilisation de l'armée russe.

L'état-major russe, conscient que cela impliquait une déclaration de guerre indirecte, a tenté de l'en dissuader. Même une lettre incantatoire du Kaiser allemand à son cousin le Tsar reste sans effet. L'Allemagne répond en lançant un ultimatum de 12 heures ; la mobilisation russe doit être retirée.

En l'absence de réponse, l'Allemagne déclare la guerre à la Russie le 1er août. La France décide également de se mobiliser en réponse, pour honorer son alliance avec la Russie.

Le plan de guerre allemand était une version actualisée du "plan Schlieffen". Ceci était basé sur l'hypothèse que la mobilisation russe prendrait beaucoup de temps. L'Allemagne utilisera ce temps en s'attaquant d'abord à son ennemi juré, la France, puis à la Russie. Cependant, le soir de la déclaration de guerre, les premières unités russes entraient déjà en Prusse orientale.

Le plan Schlieffen prévoyait un mouvement circonférentiel à travers la Belgique. Le 1er août, l'Allemagne occupe le Luxembourg. Le 2 août, l'Allemagne adresse à la Belgique un ultimatum exigeant le libre passage. La Belgique refuse le passage aux troupes allemandes. L'Allemagne déclare alors la guerre à la Belgique, pays neutre.

Le 3 août, l'Allemagne déclare la guerre à la France, et le 4 août, l'Allemagne entre en Belgique. Cela incite le Royaume-Uni à déclarer la guerre à l'Allemagne le même jour, car le Royaume-Uni avait garanti la neutralité de la Belgique dans le traité de Londres. Ainsi, avec cette dernière déclaration de guerre britannique, toutes les superpuissances européennes sont entrées en guerre les unes contre les autres en l'espace d'une semaine.

Les fronts de la Première Guerre mondiale

Les fronts européens

- Front occidental - L'invasion de la Belgique, du Luxembourg et de la France par l'Empire allemand. Ici, des tranchées ont été utilisées après que les Allemands se soient arrêtés avant Paris. Après l'arrêt de l'avancée des Allemands, les deux camps tentent de rejoindre la mer le plus rapidement possible à une position qui leur est favorable. On l'appelait aussi la course à la mer.
- Front oriental - Les Russes ont envahi la Prusse orientale ici et ont causé une surprise. Pourtant, les Allemands et les Autrichiens ont repoussé les Russes dans leur propre pays.
- Front des Balkans - Les Autrichiens envahissent la Serbie avec le soutien des Allemands. Plus tard, d'autres pays comme la Roumanie, le Monténégro, la Bulgarie et la Grèce ont également été impliqués dans la guerre.
- Le front italien - Les Italiens ont rejoint les Alliés en 1915 après s'être vu promettre beaucoup de

choses si la guerre était gagnée. Les Italiens pensaient pouvoir battre les Autrichiens, mais même ici, la bataille n'a cessé d'aller et venir. Ce n'est qu'à la fin que les Alliés ont pu forcer une percée.

Les fronts africains

Le contrôle des mers par les Alliés empêche les Allemands d'approvisionner leurs colonies. Une stratégie défensive vise à préserver les colonies jusqu'à la victoire finale en Europe, et à éloigner les troupes alliées du front européen.

- Afrique du Sud-Ouest allemande - Une colonie allemande, l'actuelle Namibie. Cette colonie a été conquise à l'Afrique du Sud par les troupes du Commonwealth en moins d'un trimestre en 1915, après une hésitation initiale de l'Afrique du Sud.
- Afrique de l'Ouest - L'Allemagne y possédait des colonies : les actuels Cameroun et Togo. Là aussi, les Allemands sont rapidement vaincus, après quoi les colonies sont divisées.
- Afrique orientale allemande - Tanzanie, Rwanda et Burundi actuels. Le 22 août 1914, les Allemands

attaquent avec des navires le port de Kalemie, au Congo belge, sur le lac Tanganyika. Les Allemands ont continué à contrôler le lac jusqu'en 1916. Seule une petite armée coloniale de maintien de l'ordre était stationnée au Congo belge, qui était mal équipée. En 1915, des officiers de l'armée belge sont formés au Havre pour combattre sous les tropiques. Les soldats étaient recrutés au Congo et les porteurs étaient enrôlés

par l'armée pour le ravitaillement. Il n'y avait pratiquement pas de routes.

À l'aide d'hydravions et de navires apportés en pièces détachées, les forces britanniques et belges parviennent à prendre le contrôle du lac stratégique.

En avril 1916, l'attaque est lancée, depuis le Congo belge par l'armée coloniale belge, et depuis les colonies britanniques par l'armée britannique. Le 19 septembre 1916, la principale base d'opérations allemande, Tabora, est capturée.

À la fin de 1917, l'Allemagne avait perdu tous les territoires, mais les troupes allemandes continuaient à mener une guérilla dans la colonie et au Mozambique portugais contre les Portugais et les Britanniques.

C'était le dernier endroit en Afrique où les troupes coloniales allemandes se battaient encore.

Ce n'est que le 13 novembre 1918 que la nouvelle de la signature de l'armistice est arrivée ici. Il fallut encore un certain temps avant que les armes soient déposées

Fronts au Moyen-Orient

- Campagne du Caucase - Les Ottomans
  s'immiscent dans la guerre aux côtés des
  Centraux. Ils ont commencé à attaquer la Russie
  dans le Caucase et plusieurs batailles ont eu lieu.
- Campagne de Mésopotamie - L'invasion de l'Irak
  par les troupes de l'Empire britannique.
- Front palestinien - Les Britanniques se sont battus
  pour le Sinaï et la Palestine contre les Ottomans,
  afin d'empêcher les Ottomans de s'emparer du
  canal de Suez.
- Front des Dardanelles - L'Entente veut une
  deuxième route vers la Russie, via les Dardanelles.
  Il fallait pour cela occuper la capitale de l'Empire
  ottoman, Constantinople. Au final, les Alliés
  échouent dans cette attaque.
- Le front perse - Officiellement, la Perse était un
  pays indépendant et neutre, mais en raison de
  l'influence de la Russie et de l'Empire britannique,
  les combats pétroliers s'y déroulaient également.
  Les différentes tribus s'opposant les unes aux
  autres et pour saper les Britanniques au Moyen-
  Orient et en Inde, plusieurs autres conflits ont eu

lieu ici. Dans l'ensemble, cependant, peu de choses ont changé.

Front asiatique

- Tsingtao - Quelques mois après le début de la guerre, la ville a été capturée par le Japon et la Grande-Bretagne lors du siège de Tsingtao. L'escadron naval allemand, dirigé par l'amiral Maximilian von Spee, était déjà parti pour l'Amérique du Sud.
- Îles du Pacifique

Le front occidental

L'état-major allemand s'appuie sur le plan Schlieffen. Ce plan élaboré par Alfred von Schlieffen reconnaît le danger d'une guerre à deux fronts contre la France et la Russie, pour laquelle l'Allemagne n'est pas assez forte. Le plan consiste donc à encercler l'armée française en faisant envahir par l'armée allemande le nord de la France, moins bien défendu, via la Belgique (initialement aussi les Pays-Bas).

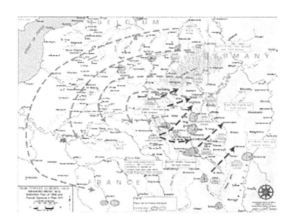

En se déplaçant ensuite à l'ouest et à l'est autour de Paris - la capitale française *ne serait pas* prise - puis en revenant à l'est, l'armée française concentrée en Alsace serait attaquée dans le dos, piégée et se rendrait.

Les troupes allemandes seraient alors mises dans un train à destination de la Russie pour y vaincre l'armée russe nouvellement mobilisée. Une période de seulement 42 jours était prévue pour vaincre les Français. Ainsi, le plan Schlieffen.

Toutefois, ce plan présentait des faiblesses :

- En violant la neutralité de la Belgique, le Royaume-Uni pourrait déclarer la guerre à l'Allemagne en vertu du traité de Londres de 1839. Cela priverait également l'Allemagne d'un grand crédit diplomatique. Von Schlieffen ne considère pas cela comme pertinent ; après tout, le plan a été élaboré uniquement par des militaires et non par des politiciens.
- Un calendrier très serré de 42 jours a été respecté. Tout écart jetterait le plan dans le désarroi. Von Schlieffen conseille de commencer immédiatement les négociations avec l'ennemi : "Après tout, nous ne pouvons pas gagner de toute façon".

- L'armée allemande était trop importante pour les capacités des réseaux routiers (ferroviaires) de la Belgique et du nord de la France. De plus, l'opération était probablement au-delà des forces de l'armée allemande. (Von Schlieffen l'a nié).
- Il n'avait pas été tenu compte de la possibilité que l'armée française ne veuille pas se rendre et s'en remettre à un affrontement plus long.
- Elle n'avait pas non plus compté sur une mobilisation ou une attaque russe antérieure (en raison de l'absence d'industrialisation dans ce pays).
- Le plan n'a pas été calculé pour faire face aux situations politiques. Dans la crise de juillet 1914, la France ne joue aucun rôle significatif. Cependant, le plan prévoyait une participation française et l'entrée en vigueur des différentes alliances a également entraîné la France dans la guerre. Cependant, la France était déjà mobilisée deux jours avant la déclaration de guerre, et en raison du nationalisme dominant en France, la déclaration de guerre a été saisie avec un énorme enthousiasme comme une opportunité de traiter avec l'ennemi éternel qu'est l'Allemagne et de

récupérer l'Alsace-Lorraine. Lorsque l'Allemagne se mobilise, les militaires mettent en œuvre le plan tandis que les diplomates et les politiciens restent passifs.

- Le plan supposait une guerre de mouvement, alors que la vitesse des armées d'infanterie et de cavalerie et de l'artillerie était limitée.

Raid en Belgique

- **1er août 1914** - Les troupes allemandes envahissent le Luxembourg, pays neutre.
- **3 août** - L'Allemagne déclare la guerre à la France et demande le même jour à la Belgique l'autorisation de passer par la Belgique pour envahir la France. La Belgique neutre tient sa promesse et n'offre pas de passage aux Allemands.
- **4 août** - Des unités de l'armée allemande franchissent la frontière belge. La France et le Royaume-Uni se précipitent au secours de la Belgique.
- **6 août** - L'armée allemande rencontre les forts autour de Liège.

- **12 août** - Bataille des Casques d'argent, à Halen. 140 soldats belges et 160 soldats allemands tombent. Les Belges gagnent et se retranchent à Diest.
- **15 août** - Bataille de Dinant. Le roi et la reine et le gouvernement s'installent à Anvers. Le roi commande l'armée.
- **16 août** - Le dernier fort autour de Liège se rend aux Allemands.
- **18 août** - Bataille des Sept Collines, près de Tirlemont, sur le territoire des actuels bourgs de Sainte-Marguerite-Houtem, Grimde et Oplinter. Environ 2 400 soldats belges ont affronté une armée d'environ 15 000 Allemands. La moitié des Belges ont perdu la vie ou ont été blessés. L'armée belge bat en retraite.
- **18 août** - Le roi Albert Ier ordonne à l'armée belge de se replier sur Anvers après une attaque massive des Allemands au nord de la Meuse.
- **19 août** - Représailles allemandes à Aarschot.
- **20 août** - Les Allemands entrent dans Bruxelles. De violents combats se déroulent ensuite à Alost, Malines, Termonde et Charleroi. À Anvers, de nombreux bénévoles travaillent jour et nuit : des

arbres sont abattus, des villas démolies, bref, tout ce qui peut obstruer la vue. Des abris sont érigés à plusieurs endroits, des inondations près des forts de Kapellen à Kontich sont effectuées. Des drapeaux belges, français et anglais flottent dans la ville. Entre le 21 et le 24 août, les forts de Namur tombent.

- **22 août** - Bataille de Charleroi à laquelle participent également les Français. Des routes pavées sont tracées à travers le pays pour rendre les mouvements allemands plus difficiles.

- **Le 25 août, les** troupes allemandes mènent une expédition punitive contre la ville de Louvain. 218 civils sont tués et la ville est incendiée. La bibliothèque universitaire est également la proie des flammes. Ces actes peu orthodoxes vont provoquer un recrutement volontaire massif dans l'Empire britannique.

- **27 août** - Des soldats de la marine britannique débarquent à Ostende pour renforcer l'armée belge à Anvers. Les Pays-Bas, pays neutre, refusent de les laisser entrer par l'Escaut, les empêchant de débarquer à Anvers même. Nouvelle offensive allemande contre Malines avec

20.000 soldats. Plus tard, ce nombre sera doublé. Malines est bombardée pour la première fois.

- **30 août** - Après trois jours de bombardement, les forts de Walem, Sint-Katelijne-Waver et Koningshooikt sont inscrits. Ne pouvant plus jouer leur rôle de forteresse pour retenir l'ennemi, ils deviennent désormais des points d'appui.

- **2 septembre** - Un zeppelin survole Anvers et largue sept bombes sur des maisons aménagées en hôpitaux. 12 personnes sont blessées et les dégâts sont importants.

- **5 septembre** - Le commandant Von Sommerfeld ordonne l'incendie de la ville de Termonde. Egalement l'hôpital civil et l'église du béguinage du 16ème siècle. Les maisons sont pillées et les résidents déportés en Allemagne. À Sint-Gillis et Lebbeke, 25 habitants sont assassinés par l'armée allemande qui passe.

- **Du 9 septembre au 26 septembre** - Le quartier général des forces armées belges est installé à Lier. Le roi Albert y séjourne pendant plusieurs jours lors de la bataille de la Nete.

- **29 septembre** - Lier est bombardée, ainsi que Duffel, Tisselt, Londerzeel et Heist-op-den-Berg.

Nouvelles batailles pour Malines, en raison de l'importance des forces, les Belges doivent abandonner Malines et se replier sur Anvers. Lors de leur retraite, les défenseurs détruisent les forts de Walem et de Breendonk. Il s'agissait d'empêcher les Allemands de les utiliser contre les Belges.

- **2 octobre** - Les Allemands tentent une percée. Depuis le balcon du palais du Meir à Anvers, le roi Albert Ier rassure la population alors que des coups de feu se font entendre.

- **3 octobre** - Walem, Sint-Katelijne-Waver et Koningshooikt sont bombardés par des canons de 28 cm positionnés à Elewijt et Hofstade. Un avion disperse des notes au-dessus d'Anvers, appelant la population à se rendre. La population en rit, tandis que l'avion allemand est bombardé. Nouveaux combats à Lier. Herentals est victime de la terreur allemande. Les villages de la Campine sont incendiés.

- **4 octobre** - Le front ne bouge pas. Les Belges sont contraints de se retrancher derrière les rivières Rupel et Nete. Les ponts explosent. Violents combats à Duffel.

- **6 octobre** - Les brigades d'infanterie navale britanniques et l'armée belge défendent avec succès la Nete. Cependant, le matin du 6 octobre, ils doivent se replier sur la ligne intérieure du fort. Par conséquent, les Allemands ont pu placer leurs canons à portée de tir de la ville. Plus de 4 000 obus et 140 bombes de zeppelin tombent sur Anvers. Le général Deguise annonce à la population que ceux qui le souhaitent peuvent partir. Un exode le long de l'Escaut commence. Plus d'un million de Belges fuient vers les Pays-Bas, pays neutre du nord. Les réfugiés y sont bien accueillis. D'autres migrent vers la France via la côte ou tentent de rejoindre la Grande-Bretagne via Ostende.
- **8 octobre** - Pour éviter la destruction totale de la ville d'Anvers, les autorités belges et britanniques décident conjointement d'évacuer la ville. Dans la nuit du 8 octobre, le roi et la reine quittent Anvers.
- **9 octobre** - La bataille d'Anvers est terminée. Les forts de Schoten, Brasschaat, Merksem, Kapellen et Lillo sont détruits. Sous couvert de la nuit, la dernière division belge abandonne également la rive gauche de l'Escaut, puis se replie sur l'Yser.

Le conseil municipal d'Anvers demande et reçoit un cessez-le-feu de la part du commandement suprême allemand. La "Convention de Kontich" est un fait. Quelque 33 000 soldats belges qui ne peuvent plus s'échapper migrent vers les Pays-Bas et y sont internés.

- **10 octobre** - Les Belges et les Britanniques, qui ont maintenant quitté Anvers, portent un coup dur aux Allemands, qui tentent de traverser l'Escaut. Les unités allemandes avancent vers Gand. Au nord, les Belges repoussent les Allemands jusqu'à Lokeren. Près de Gand, à Melle, les Belges parviennent à repousser l'ennemi et à capturer une batterie d'artillerie allemande. La retraite de l'armée belge se déroule sans problème majeur. Tous les trains blindés et les canons lourds sont sauvés.
- **12 octobre** - Les Allemands occupent Gand, qui s'est rendue sans combattre. La retraite belge se poursuit vers le Westhoek et s'installe derrière l'Yser.
- **13 octobre** - Les divisions britanniques arrivent à Ypres. L'armée allemande avance davantage à travers la Flandre orientale.

- **15 octobre** - Les Allemands avancent davantage en Flandre occidentale et occupent Bruges.
- **16 octobre** - L'armée allemande atteint Damme, Zeebrugge, Knokke et Ostende. La 4e armée allemande se positionne sur la côte jusqu'à la route Ypres-Vienne. Depuis la route Menin-Ypres, la 6e armée allemande forme la force d'occupation. En raison de l'inondation de la zone le long de l'Yser, le front reste bloqué en Flandre, puis en France. Commence alors une guerre de tranchées qui durera quatre ans, des dunes belges de Nieuport et de La Panne à la frontière franco-suisse de Pfetterhouse en France.

Outre le Westhoek belge, les enclaves belges de Baarle-Hertog restent également inoccupées.

Ces enclaves, très isolées par la position de neutralité des Pays-Bas, ont joué un petit rôle dans la guerre en maintenant ouvert un bureau de poste belge par lequel pouvait transiter une importante correspondance.

Le front oriental

Malgré le délai de mobilisation de 42 jours que le plan
Schlieffen attribue aux Russes, deux armées russes
envahissent la Prusse orientale dès août 1914. Des unités
de la cavalerie russe ont commis de nombreux crimes
contre les civils de Prusse orientale (le *Kosakengreuel*). Au
même moment, les Russes entrent dans la province
autrichienne de Galicie.

L'avancée en Galice est particulièrement réussie au début.
Après une panique initiale, les armées sont vaincues par
les nouveaux commandants Paul von Hindenburg et Erich

Ludendorff à Tannenberg et sur les lacs de Mazurie en août et septembre 1914. Lors de ces batailles, toute la deuxième armée russe a cessé d'exister.

On trouve également des tranchées sur le front oriental, mais elles sont plus espacées et ont le caractère d'une ligne de défense temporaire.

Il n'y avait tout simplement pas assez de troupes pour occuper le front de 1 200 km de cette manière. C'est ici que les Allemands ont utilisé pour la première fois des gaz toxiques (gaz lacrymogènes) contre les Russes. Après la bataille de Lemberg, les Russes ont pris de grandes parties de la Galicie. Durant l'hiver 1914/1915 et le printemps, les troupes russes et autrichiennes ont livré plusieurs batailles dans les Carpates. En réponse, les Allemands sont venus en aide à leurs alliés austro-hongrois.

Au printemps 1915, le front occidental étant de toute façon muré, l'état-major allemand décide de transférer des troupes sur le front oriental.

Dans le même temps, la base industrielle russe s'est avérée trop étroite pour fournir aux troupes un flux
48

constant de vêtements, de nourriture, d'armes, de munitions, de moyens de transport et d'autres nécessités. Une offensive majeure des Centrales a conduit à une percée. Le 5 août, Varsovie est prise.

Au milieu de l'année 1915, les Russes ont été chassés de la Pologne. La région qui est aujourd'hui la Lituanie et le sud de la Lettonie tombent également aux mains des Allemands. Cet événement est connu en Russie comme la "Grande Retraite" et en Allemagne comme la "Grande Marche".

Les Russes ont organisé une autre offensive de Broesilo contre les Autrichiens en Galicie en 1916. Cette attaque a d'abord donné lieu à un succès spectaculaire, mais une fois encore, les Allemands sont venus à l'aide des Autrichiens. La Roumanie se range du côté des Alliés en 1916, mais elle est néanmoins envahie et occupée par l'Allemagne, l'Autriche et la Bulgarie. Les offensives russes finissent par s'enliser, entraînant de lourdes pertes humaines.

L'industrie de guerre russe se développe rapidement, améliorant l'équipement des armées russes, mais les pénuries alimentaires dans les grands centres de population provoquent des troubles.

En Russie, les révolutions de 1917 ont suivi, après quoi les communistes ont commencé à négocier avec les Allemands.

Entre-temps, les armées russes se sont désintégrées et les Allemands ont occupé sans combattre l'Ukraine et la région qui est aujourd'hui le nord de la Lettonie et de l'Estonie. Les communistes concluent finalement la paix de Brest-Litovsk avec les Allemands, ce qui leur donne accès à une chaîne d'États vassaux et leur libère les mains à l'ouest. Toutefois, après l'armistice, ces territoires ont dû être libérés et le traité de Versailles a annulé la paix de Brest-Litovsk. En outre, tout l'or russe et roumain confisqué devait être restitué.

Les représailles en Belgique

La Belgique a respecté son engagement de rester neutre et de ne pas laisser passer les Allemands. Mais le commandement de l'armée allemande ne tient pas compte de cette neutralité et l'Allemagne envahit finalement la Belgique.

Le 25 août, les troupes allemandes ont tué 218 civils au cours d'une expédition punitive contre la ville de Louvain. La ville a été partiellement brûlée. Sur les quelque 6 000 maisons que comptait Louvain, 2 117 étaient en cendres. L'église Saint-Pierre et la bibliothèque universitaire ont également été la proie des flammes.

Les Allemands ont vu un quart de million de livres, dont des milliers de manuscrits médiévaux irremplaçables et des gravures de berceaux, partir en fumée. Outre ces crimes, d'autres cas similaires ont suscité une vague d'indignation nationale et internationale (des témoignages ultérieurs montreront également que tous les Allemands sur le terrain n'approuvaient pas ces atrocités).

Louvain n'est pas la seule victime : des atrocités similaires ont également été commises à Dinant (674 morts) et à Aarschot (170 morts), entre autres.

Le commandement de l'armée allemande a décidé de telles représailles terrifiantes après que ses troupes aient été, selon lui, bombardées par des civils. Pour justifier des représailles hideuses, l'argument de ces prétendus *francs-tireurs* était invariablement mis en avant.

Avant le début de la guerre, les généraux allemands avaient fortement endoctriné et alimenté leurs propres soldats avec des histoires de *francs-tireurs* de la guerre franco-allemande de 1870-1871.

On leur a inculqué que pendant leur progression, ils ne devaient en aucun cas faire confiance aux locaux et devaient agir durement s'ils essuyaient des tirs de leur part.

Cela avait rendu les troupes allemandes si paranoïaques que tout incident mineur qui ne pouvait être immédiatement expliqué pouvait donner lieu à de telles représailles.

L'opinion publique est également stimulée par des histoires de propagande afin d'apporter au commandement de l'armée un soutien inconditionnel à l'effort de guerre. Dans chaque cas, cependant, aucun acte de tyrannie organisée n'avait été ordonné par des supérieurs et il s'agissait probablement de cas isolés. La plupart des représailles sont dues à des malentendus : à Louvain, par exemple, les Allemands semblent s'être tirés dessus dans la confusion, et à Aarschot, un colonel allemand (très détesté par ses hommes) est abattu par un de ses propres soldats.

Au total, 500 communes ont été touchées par les atrocités commises lors de l'invasion de la Belgique ; au moins 5 000 civils ont été tués, dont des femmes et des enfants (dans le nord de la France, ce nombre était d'environ 1

500). Il est donc compréhensible que les atrocités allemandes associées au début de l'invasion aient été un outil facile pour la propagande alliée.

Dans les deux camps, les crimes commis par l'autre camp ont été fabriqués ou exagérés par la propagande et les propres crimes ont été niés ou minimisés. Les Allemands étaient dépeints par la propagande alliée comme des "Huns avec des casques à broches", des barbares venus de l'Est ; les Belges, à leur tour, étaient dépeints par la propagande allemande comme des rampants qui attiraient perfidement les troupes allemandes dans des embuscades.

L'Empire britannique avait garanti la neutralité et la sécurité de la Belgique par le traité de Londres. Avec une faible majorité au sein du cabinet, il déclare la guerre à l'Allemagne. Les atrocités allemandes ont déclenché un recrutement volontaire massif dans l'Empire britannique.

Recrutement de masse

Les Britanniques pouvaient s'appuyer sur l'enthousiasme naïf pour leur recrutement, tant dans leur pays que dans leur empire colonial. Les recruteurs français et allemands ont également pu compter sur un afflux important. Le roman d'Erich Maria Remarque, *From the Western Front No News,* décrit l'enthousiasme pour la guerre du côté allemand pendant ces premiers mois.

Et le jeune Adolf Hitler était également fou de joie au milieu d'une foule enthousiaste sur l'Odeonsplatz le 1er août 1914, lorsqu'on a annoncé que l'Allemagne était en guerre.

Une image romancée de la guerre prévaut encore au sein de la population. La pression sociale pour rejoindre la lutte était forte. Les recruteurs s'adressent à eux dans les usines, les écoles, à l'église et sur les places de marché. Ceux qui n'y adhéraient pas devaient plus tard "ne pas appartenir". Ceux qui réussissent à échapper à la conscription ou (comme dans l'Empire britannique) qui ne se portent pas volontaires alors que d'autres le font, sont stigmatisés comme des lâches. Les réfractaires étaient regardés au cou et leurs filles leur donnaient des plumes blanches, symboles de lâcheté.

En outre, il a été estimé qu'en échange des systèmes sociaux grandement améliorés, il était préférable de "donner quelque chose en retour". En outre, l'armée britannique affecte des hommes du même quartier ou de la même usine aux mêmes unités de l'armée, appelées *bataillons de pal* ("work together, fight together"). Cela a créé une pression sociale et un contrôle social.

Les volontaires d'Australie et de Nouvelle-Zélande ont formé ensemble les unités Anzac. On leur confiait souvent les missions les plus désespérées, mais ils portaient l'auréole de soldats courageux mais téméraires qui chérissaient leur image avec zèle.

Les jeunes ouvriers d'usine et les mineurs de Grande-Bretagne étaient enthousiastes à l'idée d'un voyage à Paris. Au Canada, le premier contingent programmé de 20 000 hommes a immédiatement fait le plein. 430 000 autres suivraient. Au total, 60 000 Canadiens mourraient.

Au cours des premières semaines de la guerre, des milliers d'Américains des États-Unis, alors neutres, se sont rendus au Canada ; 5 000 d'entre eux venaient du Texas.

Malgré le conflit entre les Britanniques et les Irlandais, marqué par plusieurs soulèvements populaires, outre les Irlandais protestants favorables aux Britanniques, des dizaines de milliers d'Irlandais catholiques se sont engagés dans l'armée professionnelle britannique. Sur les 200 000 volontaires irlandais de l'armée britannique, environ 30 000 mourront finalement.

Les Britanniques considéraient les Irlandais (tout comme les Écossais d'ailleurs) comme des "guerriers féroces" qui, avec un encadrement "approprié" par des officiers principalement anglais, étaient tout à fait utiles dans toutes sortes de conflits coloniaux, tandis que les Irlandais et les Écossais voyaient l'armée comme un gagne-pain qui promettait en plus "l'aventure" dans des "lieux exotiques".

Sur l'insistance du gouvernement français, la Russie a envoyé une armée expéditionnaire de 8942 fantassins pour combattre sur le front occidental en France en 1916. Après l'effondrement de l'armée russe et l'accord de paix entre la Russie et l'Allemagne, de nombreux anciens soldats russes ont été mis au travail dans l'économie française ; certains ont été déportés en Algérie, et certaines unités de l'armée ont continué à combattre ou ont été enrôlées dans l'armée française.

La contribution des "Sud-Africains" a été séparée. Ils sortent à peine de dix ans de guerre sanglante avec les Britanniques et les voilà alliés contre un ennemi qu'ils ne connaissent que par ouï-dire. En outre, de nombreux Boers se sentent apparentés aux Allemands coloniaux de l'Afrique du Sud-Ouest allemande et sont réticents à les combattre.

Les Afrikaners pro-allemands et militairement anti-britanniques se sont révoltés contre la participation à la guerre dans la rébellion de Maritz, mais ils ont été vaincus et leur chef Christiaan de Wet a été arrêté. Les troupes coloniales britanniques "de couleur" d'Inde, du Népal et même de Jamaïque, ainsi que le British-Chinese *Labor Corps, ont été* conduites en Europe avec des promesses douteuses et sans aucune imagination.

Dans l'ensemble, la guerre était considérée comme un moyen de redresser les relations nationales et internationales, de mettre fin aux "maux sociaux", de purifier l'esprit des jeunes, de les éduquer et d'en faire de véritables hommes.

Bataille de tranchées

La politique allemande partait du principe que le Royaume-Uni resterait neutre, mais entre-temps, le commandement suprême allemand avait préparé un plan de guerre qui rendrait cette neutralité impossible (le plan Schlieffen). Le Royaume-Uni garantit la neutralité de la Belgique. Lorsque cet accord est violé le 3 août et que les Uhlans allemands marchent en incendiant les forts autour de Liège, Londres n'a d'autre choix que de lancer un ultimatum à Berlin et de déclarer la guerre.

Les armées allemandes marchent à travers la Belgique et le nord de la France. Ils ont avancé jusqu'aux environs de

Paris, bien que cette ville ne soit pas la cible de l'attaque. Pendant ce temps, en Alsace, les Français lancent une attaque selon leur propre plan XVII et sont repoussés dans le sang. Des masses d'infanterie avancent vers les tranchées allemandes, où, cependant, elles sont abattues par des mitrailleuses. Avec leurs uniformes bleu-rouge vif, ils formaient des cibles vivantes.

L'avancée en forme de croissant des Allemands à travers la Belgique et le nord de la France semble initialement se dérouler raisonnablement selon le plan. Liège et le cercle de forts géants qui l'entourent sont occupés en quelques jours et le corps expéditionnaire britannique (BEF) est vaincu lors de la bataille des frontières. Les Allemands avancent jusqu'à la Marne, où les Français tentent de les arrêter. Les Français ont revendiqué la victoire mais, selon de nombreux historiens, s'il y a eu un vainqueur, la bataille de la Marne a été remportée par les Allemands plutôt que par les Français. Cependant, l'état-major nerveux, qui avait déjà constaté des déviations mineures du plan, décide de laisser l'armée allemande se replier sur le Chemin des Dames. Le front s'est agrandi en raison des mouvements circonférentiels des deux côtés (la course à la mer) vers l'ouest jusqu'à la côte de la mer du Nord. Le gouvernement français se sent menacé à Paris et s'installe temporairement à Bordeaux.

À l'exception de l'Espagne et des pays nordiques, la Suisse et les Pays-Bas, tous les pays européens seront finalement impliqués dans la Première Guerre mondiale.

On s'attendait généralement à ce que la guerre soit courte. Home again when the leaves fall et Back home before Christmas étaient des slogans courants. Mais elle est devenue une guerre d'une longueur et d'une brutalité sans précédent, dont les fronts ont été fixés après seulement un mois et demi. Dès les premiers mois de la guerre en 1914, cela était évident : les Belges ont perdu 30 000 personnes (en cinq mois, autant que dans chacune des années de guerre suivantes), les Allemands 241 000 et les Français 306 000.

Il s'ensuivit une bataille de tranchées inutile qui coûta des millions de vies. Une seule bataille, comme la bataille de Verdun ou la bataille de la Somme, a fait plus de morts et de blessés que toutes les batailles du siècle précédent réunies (à la Somme, 600 000 Alliés et 750 000 Allemands).

Ce n'est que très lentement que les commandants suprêmes militaires ont compris que dans cette guerre, où ils considéraient encore l'attaque comme l'unique moyen de salut, les défenseurs étaient toujours avantagés.

Les attaquants sont morts en grappes, car les tirs rapides et les bombardements d'obus ont rendu les anciennes technologies de combat et d'armement désespérément dépassées.

La tranchée

Les lignes de défense ont été formées par :

- La première ligne, formée d'avant-postes, de nids de mitrailleuses et autres, était reliée à la ligne principale par de petites tranchées.
- La ligne principale, qui formait la tranchée proprement dite. Ici, les soldats restaient et pouvaient se déplacer.
- L'arrière-pays. Celle-ci était reliée à la ligne principale par de petites tranchées et des voies ferrées.

Entre les tranchées allemandes et alliées se trouve une bande de boue, labourée par les explosions de grenades et l'infanterie, et jonchée de mines terrestres et de barbelés. La seule chose qui poussait sur le no man's land et dans les tranchées était le coquelicot (pavot). C'est pourquoi cette fleur rouge est un symbole de la Première Guerre mondiale.

La vie dans la tranchée était un cauchemar. Les tranchées, surtout au printemps, en hiver et en automne, formaient des tranchées boueuses dans lesquelles on s'enfonçait jusqu'aux genoux dans la boue. Tout est devenu humide et sale et l'eau a pénétré dans les vêtements et les bottes. Cela a conduit, entre autres, à l'apparition des pieds de tranchées, c'est-à-dire des pieds mouillés pendant une période prolongée, avec un risque accru de dommages et donc d'infections, le résultat final étant la mort par gangrène.

Parfois, des planches de bois étaient utilisées pour améliorer la praticabilité ; dans les tranchées allemandes, cette pratique était courante un peu plus rapidement. Les cadavres ne pouvaient souvent pas, en raison des conditions et du grand nombre, être enterrés rapidement. Les cadavres et autres déchets attiraient les rats, qui pouvaient se multiplier rapidement. Ce n'est que lorsqu'une partie du front était "au repos" pendant une période plus longue qu'une certaine amélioration des conditions de vie pouvait être obtenue.

Sur les offensives, c'était encore pire. Les défenseurs étaient parfois soumis à des bombardements d'artillerie pendant des jours. Pendant ce temps, les attaquants ont rassemblé leurs troupes. Lorsque (pensait-on) tous les nids d'artillerie et de mitrailleuses ennemis étaient éliminés, l'infanterie a attaqué, sous le couvert des tirs d'obus. Parfois, la coordination n'était pas bonne : les soldats perdaient alors leur couverture ou étaient bombardés par leur propre artillerie. D'ailleurs, cela se faisait aussi délibérément si l'infanterie n'avançait pas assez vite. C'est ainsi que les soldats ont traversé le no man's land pour atteindre la tranchée ennemie.

Cependant, les défenseurs savaient déjà, pour la plupart, ce qui allait se passer en raison de la préparation intensive non dissimulée (la reconnaissance aérienne a joué un rôle majeur pour la première fois) et des jours de bombardement et se sont partiellement retirés.

Cela a créé un saillant dans lequel l'infanterie attaquante a été piégée. Les nids de mitrailleuses sur les flancs ouvrent le feu et l'infanterie défensive avance tandis que leur propre artillerie est souvent trop lente car elle s'enlise dans la boue du no man's land. Désormais totalement dépourvue de couverture, l'infanterie attaquante est pratiquement abattue, dans de nombreux cas jusqu'au dernier homme. En 1915, de telles petites attaques ont lieu régulièrement.

Les Allemands avaient généralement plus de tranchées viables que les Alliés. Chez les Alliés (en particulier les Français sur le territoire desquels les combats ont lieu), la construction de bonnes tranchées est découragée d'un point de vue offensif, et les Allemands, en outre, se sont repliés sur des positions plus élevées et donc plus défendables (mais aussi plus sèches) en de nombreux endroits.

En plus de la saleté qui apportait également de nombreuses maladies, des choses comme la peur permanente, la solitude et la monotonie étaient également un enfer pour les soldats.

Pendant les jours de bombardement ou au moment du code rouge, la peur de mourir devait être insupportable. Il existe des histoires de soldats qui ont allumé une cigarette et qui, en l'allumant, sont devenus une cible pour les tireurs d'élite. C'est de là que vient la superstition selon laquelle il ne faut jamais allumer plus d'une cigarette - après tout, cela donnait aux tireurs d'élite suffisamment de temps pour viser.

En raison de toutes les expériences terribles et traumatisantes vécues dans les tranchées, certains soldats ont souffert de ce que l'on appelle le choc des obus. Dans cette condition, le soldat souffre de tics ou de convulsions, comme des tics au niveau des yeux, ou même des frissons. Le choc des obus était considéré comme une forme de lâcheté, de sorte que les soldats présentant ces symptômes étaient généralement exécutés par leur propre parti .

La solitude était courante. Les amitiés entre hommes duraient rarement plus d'un mois, notamment en raison du nombre élevé de victimes. La solitude a entraîné toutes sortes de symptômes étranges. Certains hommes se sont liés d'amitié avec des rats ou des objets et les considéraient comme leur famille, d'autres se parlaient constamment à eux-mêmes ou à des cadavres. Le manque de femmes a entraîné des relations sexuelles entre les hommes.

La monotonie de la vie d'un soldat, combinée à ce qui précède, a provoqué le "syndrome des tranchées" chez les survivants après la guerre. De nombreux hommes n'ont pas pu reprendre leur ancienne vie et ont continué à vivre avec les mêmes particularités que dans les tranchées.

Guerre chimique et biologique

Au cours du premier mois de la guerre, en août 1914, des soldats français ont tiré des gaz lacrymogènes (bromure de xylyle) sur les Allemands, devenant ainsi les premiers à utiliser des gaz toxiques. Cependant, l'armée allemande a été la première à mener des recherches intensives sur les gaz toxiques, sous la direction de l'éminent chimiste allemand et lauréat du prix Nobel Fritz Haber, et a été la première à les utiliser à grande échelle en 1915. Mais les Français, dont le chimiste et également lauréat du prix Nobel Victor Grignard, y travaillaient aussi intensivement.

Sur le front russe, les Allemands ont utilisé le bromure de xylyle pour la première fois lors de la bataille de Varsovie, mais le gaz s'est condensé en raison de la basse température et a même gelé. Plus tard, des bouteilles de chlore gazeux ont été déployées à petite échelle sur le front oriental pour la première fois.

Les officiers stupéfaits ont vu leurs soldats disparaître dans les nuages verts et s'écrouler. Certains sont repartis en courant, en criant que les Allemands les empoisonnaient avec une "brume verte".

Après cette expérience, les Allemands ont utilisé le gaz lors de la deuxième bataille d'Ypres. Plus de 5 000 cylindres de chlore gazeux ont été ouverts. Les régiments français en défense sont pris au piège et une brèche de 6 km est créée. Les Allemands avaient prévu cette attaque comme une expérience et ne comptaient pas sur un tel succès. Il n'y avait pas de soldats disponibles pour passer à travers.

Suite à ce succès, différents types d'armes chimiques de guerre sont apparus, comme le phosgène et, en 1917, le gaz moutarde. Les scientifiques allemands, puis français, ont également essayé de mettre des agents pathogènes dans diverses bombes, notamment la peste. Les premiers pas vers une guerre biologique sérieuse avaient été faits.

Les armes chimiques ont été rapidement et largement utilisées par les Alliés également. Les premiers masques à gaz qui ont fait leur apparition étaient primitifs (par exemple, un chiffon imbibé d'eau ou d'urine) et n'étaient guère utiles.

Ce n'est qu'après des recherches approfondies que les masques à gaz se sont considérablement améliorés, ce qui n'a pas amélioré l'efficacité de ces armes chimiques déjà très coûteuses. De plus, c'était une affaire très risquée pour ses propres troupes, car le vent pouvait faire partir le gaz dans le mauvais sens après l'ouverture des bouteilles. Ce dernier point a été résolu en utilisant dorénavant des grenades à gaz.

Mutinerie

En réponse aux pertes énormes, non seulement au cours des grandes batailles, mais aussi dans d'innombrables batailles de moindre importance, les soldats français se rendent compte que le simple fait d'attaquer équivaut à un suicide. Pourtant, le commandement de l'armée ne connaissait pas de meilleure tactique. De nombreux soldats se sont mutinés en 1917, parfois même des régiments entiers à la fois. En fait, mutinerie est un bien grand mot, car les soldats ne se sont pas révoltés. Ils se sont mis en grève et ont fait de la résistance passive. Ils ne protestaient pas tant contre la guerre elle-même que contre les tactiques utilisées, où des soldats étaient sacrifiés par milliers dans des attaques qui n'aboutissaient à rien.

Les soldats mutinés ont refusé d'exécuter les ordres. Mais il y avait aussi une résistance essentiellement passive : ils se moquaient des officiers lorsqu'ils lisaient les rapports de prétendues victoires.

Alors qu'ils marchaient vers le front, ils aboyaient comme des moutons censés être conduits à l'abattoir. Ils ont effrayé les officiers en menaçant de les tuer "d'une balle perdue" lors de la prochaine attaque. Ils se cachaient partout où c'était possible pour échapper aux ordres. Seuls les officiers et sous-officiers qui osent vivre parmi eux dans la tranchée leur inspirent encore un certain respect.

Il n'y a pas de rapports sans équivoque sur l'étendue de la mutinerie. Les rapports officiels parlent de 2 ou "quelques" divisions.

Selon les historiens français, un total de 40 à 80 mille soldats seraient impliqués, soit seulement environ 5% du total.Des historiens comme John Keegan, cependant, supposent qu'à un moment donné, la mutinerie s'est étendue à 50 divisions françaises.

Cela a paniqué les Alliés. Si les Allemands l'apprenaient et attaquaient immédiatement, ils pourraient ainsi remonter le front d'Amiens à Verdun, puis marcher jusqu'à Paris. Le général Pétain, le nouveau commandant en chef, décide de parler aux soldats.

Il y parvient d'une part en dirigeant l'artillerie loyale sur les régiments mutinés, mais d'autre part en accordant de meilleures permissions et en n'utilisant plus l'armée
74

française pour les offensives. 500 mutins français ont été condamnés à mort en 1917, dont 26 seulement ont été effectivement exécutés. Pétain tient sa parole : plus aucune offensive majeure n'est menée par l'armée française.

Réfugiés belges

Après l'invasion allemande, de nombreux Belges ont fui. Des milliers d'entre eux sont partis via Ostende et Zeebrugge vers l'Angleterre ou, de là, vers la France. Plus d'un million de Belges ont fui vers les Pays-Bas. Ces réfugiés comprenaient 33 000 soldats. Ceux-ci ont été internés parce que le droit international exigeait que les Pays-Bas, en tant que pays neutre, veillent à ce que les troupes et les ressources des parties belligérantes qui débarquaient sur leur territoire ne puissent plus prendre part à la bataille. Des milliers de soldats belges "motivés" s'échapperaient de toute façon pour rejoindre la guerre via la Grande-Bretagne et la France.

Les réfugiés ont d'abord été chaleureusement accueillis. La violation de la neutralité de ce petit pays suscite l'indignation et l'admiration pour sa fermeté.

Cependant, le groupe de réfugiés était si important que des problèmes de logement et de soins de santé se sont rapidement posés. Les autorités belges appellent les réfugiés à retourner dans leur pays, désormais occupé.

La plupart des réfugiés de guerre sont effectivement rentrés chez eux avant la fin de l'année. Cependant, plus de 100 000 Belges sont restés aux Pays-Bas. Parmi eux, les familles des soldats internés. De ce groupe, ceux qui ne pouvaient pas subvenir à leurs besoins (environ 20 000) ont été hébergés dans des refuges à Gouda, Uden, Nunspeet et Ede, qui étaient supervisés par le gouvernement néerlandais et où les Belges ont été logés dans de très bonnes conditions jusqu'à la fin de la guerre. Des inspections menées par la Croix-Rouge internationale, sous la direction de la Suisse, l'ont confirmé à plusieurs reprises.

Les réfugiés au Royaume-Uni ont vraiment établi des colonies belges entières avec tout ce qui s'ensuit. Les églises et communautés catholiques dans un pays majoritairement protestant sont typiques. Plusieurs milliers d'enfants belges ont fait leur première communion ou leur communion solennelle au Royaume-Uni ; la vie belge y a continué comme d'habitude.

Les Belges en fuite qui n'ont pas dû aller au front ont travaillé dans leur pays d'accueil. En France, l'engagement et la diligence des Belges étaient appréciés par les usines et les agriculteurs. Parmi la bourgeoisie aisée, les servantes belges étaient bien considérées.

Des campagnes de collecte ont été organisées dans tout l'Empire britannique et dans de nombreux pays neutres pour aider les Belges. Les organisations féminines d'Australie, de Nouvelle-Zélande et du Canada ont collecté de l'argent et des vêtements pour les Belges. Elles cuisaient des gâteaux qu'elles vendaient sur les marchés, tandis que leurs maris et leurs fils mouraient dans les buissons en Flandre. Les pays scandinaves neutres ont fait de même, de même que les Américains du Nord et du Sud. Le gouvernement danois, par exemple, a payé tous les frais d'un des camps de réfugiés aux Pays-Bas.

Après la guerre, les grandes universités américaines organiseront une autre grande campagne de collecte de fonds pour reconstruire la bibliothèque universitaire de Louvain. En mai 1940, cependant, les Allemands ont recommencé leur œuvre destructrice.

Italie

L'Italie avait succombé aux promesses des Alliés. Les Centraux y voient une trahison, puisque l'Italie a conclu la Triple Alliance avec l'Autriche et l'Allemagne. Mais l'Italie était plus un fardeau qu'un soutien ; ce pays économiquement faible devait être approvisionné en charbon et en crédits par le Royaume-Uni, et les soldats italiens devaient toujours être aidés par des soldats français.

De plus, les Italiens ne regardent pas plus loin que les territoires autrichiens qui leur reviendraient. Les
80

Piémontais résistent vaillamment, mais les troupes du sud de l'Italie manquent de motivation pour se battre.

La bataille de l'Italie contre l'Autriche-Hongrie pendant la Première Guerre mondiale est également connue sous le nom de "*guerre blanche*". Cela s'explique par le fait que la majeure partie de la guerre s'est déroulée dans les Alpes. L'armée italienne était commandée par le célèbre maréchal Luigi Cadorna.

Lorsque l'Italie fait soudainement défection à l'Entente, l'Autriche-Hongrie est en guerre depuis près d'un an. Le gros de leur armée combat les Russes à 1 200 kilomètres de là, dans la province autrichienne de Galicie, au nord-est du pays. Il y avait aussi un autre front contre la Serbie. En raison de ces efforts de guerre, peu de troupes étaient disponibles dans la région frontalière italo-autrichienne.

Une garnison avait toutefois été laissée à la frontière italienne, qui avait également été fortifiée à plusieurs reprises au fil des ans. En effet, les Autrichiens se sont toujours méfiés des Italiens.

Après la déclaration de guerre, les troupes stationnées ici ont été complétées par des réservistes, des personnes

81

rassemblées à la hâte dans la région. Des jeunes hommes qui manquaient d'entraînement, et encore moins d'expérience du combat, des fermiers et des hommes plus âgés. Les hommes âgés (y compris les anciens combattants), parmi lesquels les quinquagénaires ne faisaient pas exception, ne pouvaient plus être appelés au service militaire en raison de leur âge. Cependant, comme il y avait une menace aiguë, ces personnes ont quand même été déployées pour défendre le pays.

Malgré la composition de l'armée, ces Autrichiens étaient bien motivés et déterminés à empêcher les Italiens d'entrer dans le pays. De plus, ils connaissaient la région comme le fond de leur poche.

Le seul avantage des Italiens était leur grande supériorité numérique. La plupart de l'armée italienne n'est pas motivée et le terrain joue également en défaveur des Italiens. En effet, ils ont dû prendre des pentes montagneuses fortifiées du côté autrichien de la frontière. De plus, l'armée italienne souffre de l'incompétence et de l'entêtement de Cadorna.

Lorsque les Italiens ont mobilisé leur armée, les Autrichiens s'étaient déjà retranchés dans des positions (fortifiées) sur les flancs et les sommets des Alpes (où des pentes de 30 à 40 % n'étaient pas exceptionnelles).

Comme l'Italie veut prendre des parties du Küstenland (y compris Trieste) et du Tyrol, Cadorna donne l'ordre d'attaquer les positions. Comme l'infanterie n'était pas bien soutenue par l'artillerie (parce qu'il y avait trop peu de divisions d'artillerie) et que les Italiens avaient une mauvaise position par rapport aux Autrichiens, les attaques ont été désastreuses pour les Italiens. Néanmoins, Cadorna a donné à plusieurs reprises l'ordre de continuer à attaquer, ce qui n'a rien arrangé à la motivation déjà faible des soldats.

Les Italiens tentent également de contourner les positions autrichiennes en creusant des tunnels dans les montagnes. Cependant, les Autrichiens ont tracé les tunnels italiens à l'aide de géophones. Après cela, ils ont creusé des tunnels sous ceux des Italiens, pour ensuite les faire exploser.

Lorsque l'armée de montagne autrichienne est complétée par des soldats transférés d'autres fronts et reçoit l'aide de l'armée allemande, dans laquelle Erwin Rommel, entre autres, sert, les choses se dégradent encore plus vite pour l'armée italienne.

Les combats se concentrent autour de la rivière Isonzo où un total de 12 batailles seront livrées. La tactique italienne consiste en des formations fermées envoyées vers les positions de l'ennemi. Après 11 batailles sans espoir, le moral des Italiens est tombé au plus bas.

Même par rapport aux troupes alliées sur le front occidental, l'équipement, le rationnement, l'entraînement et le paiement des troupes étaient d'un niveau dramatiquement bas. Cependant, les mesures prises par Cadorna pour lutter contre la baisse du moral des troupes sont contre-productives.

Il réintroduit notamment le châtiment romain de la décimation et le nombre d'exécutions est élevé. En raison de cette baisse de moral, la contre-attaque austro-hongroise est très dure. Le 24 octobre 1917, l'Autriche-Hongrie, soutenue par les Allemands, attaque dans ce qui sera appelé la bataille de Caporetto. Là encore, les Allemands ont utilisé des gaz toxiques dans des proportions similaires à celles de la bataille de Verdun. Les défenses italiennes n'étaient pas préparées à une attaque aussi féroce et ont dû céder 25 kilomètres. Cadorna ne veut pas admettre qu'une erreur a été commise et le commandement suprême italien attend une semaine avant d'ordonner la retraite. En raison des énormes pertes d'hommes et de l'échec général, les Britanniques et les Français obligent Cadorna à céder sa position à Armando Diaz.

Ce n'est que lorsque l'Autriche-Hongrie s'est finalement effondrée, en partie à cause de problèmes internes, et que la résistance a été faible, que les Italiens ont pu occuper certaines parties du Tyrol et de la Slovénie.

Le grand nombre de victimes a déjà créé une forte atmosphère révolutionnaire parmi les soldats (principalement communistes) pendant la guerre.

Après la guerre, un grand mécontentement social s'est manifesté en raison des pertes subies et de la mauvaise économie, on estimait également que les Alliés n'avaient pas tenu leurs promesses et n'avaient pas attribué à l'Italie tous les territoires promis par le traité de Versailles. Cela conduira finalement à la montée des fascistes et de Benito Mussolini en 1922.

Les Balkans

L'Autriche-Hongrie, qui avait déclenché la guerre contre la Serbie, a tenté de l'occuper à trois reprises. Trois fois, les Habsbourg ont été repoussés. En 1915, après l'adhésion de la Bulgarie et de la Turquie aux Centraux, la Serbie est occupée par l'Autriche-Hongrie et la Bulgarie est placée sous surveillance allemande.

La Bulgarie, d'ailleurs, a abandonné après cela. Comme l'a dit un général, "Nous avons ce que nous voulons (la Macédoine), nous ne ferons rien de plus." Les dernières troupes serbes et alliées sont repoussées vers Corfou et Thessalonique.

Cette dernière ville était encerclée par les Bulgares. À l'automne 1918, cependant, les Alliés débarquent une grande armée près de Thessalonique et parviennent à percer et à vaincre la Bulgarie en septembre 1918. En Serbie, ils avancent jusqu'au Danube, tandis que les troupes britanniques progressent le long de la côte jusqu'à Istanbul.

Le Moyen-Orient

Avant que la guerre n'éclate, l'Empire ottoman avait de
bons contacts avec les Britanniques et les Allemands,
entre autres, qui les avaient sporadiquement aidés dans
les guerres contre l'Empire russe. L'Empire ottoman est
alors dirigé par le triumvirat des Jeunes Turcs. Cependant,
les Russes et les Britanniques ont choisi de travailler
ensemble cette fois-ci.

Enver Pasha, le Jeune Turc le plus influent, est très
favorable à l'Allemagne et n'apprécie guère l'Empire russe,
qui a tant humilié l'Empire ottoman dans les Balkans, en
Crimée et dans le Caucase au cours des décennies
précédentes.

Le 2 août 1914, les Turcs et les Allemands signent un accord secret et le 5 novembre, les Turcs déclarent la guerre aux Alliés. Les dirigeants de l'Empire ottoman considèrent la guerre comme la dernière chance de reprendre les territoires perdus au profit de la Russie autour de la mer Noire.

Les Turcs se sont battus sur quatre fronts. Dans la partie occidentale de l'Empire, plusieurs attaques des Britanniques et des Français sur la péninsule de Gallipoli sont repoussées avec succès lors de la bataille de Gallipoli. Au Moyen-Orient, une bataille féroce a été menée contre le Royaume-Uni et les combattants arabes nationalistes qu'il a mobilisés.

Les Britanniques ont attaqué à plusieurs reprises les régions riches en pétrole du sud de la Perse et de l'Irak avec ces armées, composées principalement d'Indiens musulmans en plus des sujets britanniques et des Arabes, et ont également ouvert un front en Palestine, à partir de leurs bases en Égypte.

La campagne du Caucase contre la Russie a peut-être été la plus difficile pour l'Empire ottoman ; là aussi, les batailles se sont déroulées autour de champs pétrolifères, ceux de l'Azerbaïdjan. Dans le nord de la Perse, les Ottomans, avec les peuples turcophones de Perse et avec l'aide d'officiers allemands et suédois, combattent les armées des Russes et des Britanniques.

L'objectif des parties belligérantes était de sécuriser les champs pétrolifères de la Perse. En outre, l'objectif de l'Empire ottoman était de créer un lien terrestre avec les peuples turcs d'Asie centrale et de Chine.

Sur l'insistance des Allemands, les Ottomans ont déclaré le djihad contre les Alliés, en essayant de s'assurer le soutien des Arabes et des autres musulmans.

Cependant, cela n'a pas eu beaucoup de succès. Les Arabes, mécontents de la domination turque, se voient promettre l'indépendance par les alliés s'ils se joignent à la lutte contre les Turcs.

Les Britanniques, en particulier Thomas Edward Lawrence ("Lawrence d'Arabie"), parviennent à persuader Hussein ibn Ali, le charia de la Mecque en Arabie, de se battre à leurs côtés. Les Arabes et les Britanniques ont expulsé les Turcs au cours de ce qu'on a appelé le soulèvement arabe.

De l'autre côté de la péninsule arabique également, les Britanniques tentent d'attaquer la puissance turque par la campagne de Mésopotamie. En 1914, le cheikh du Koweït, officiellement subordonné aux Turcs, fait défection aux Britanniques et Basra est prise. En 1915, le général Charles Vere Ferrers Townshend entame une progression régulière vers Bagdad, qui est toutefois stoppée à Ctetisphon, après quoi Townshend et son armée sont assiégés à Kut-al-Amara par les troupes turques dirigées par le maréchal allemand Von der Goltz, et doivent finalement se rendre en avril 1916. Les Britanniques considèrent qu'il s'agit d'une défaite humiliante qui doit être vengée et, en décembre 1916, une nouvelle force armée dirigée par le général Frederick Stanley Maude avance vers Bagdad.

Bagdad tombe le 11 mars 1917 mais, par la suite, l'avancée s'enlise : d'abord en raison de la forte résistance turque, puis du désintérêt du commandement suprême pour ce théâtre de guerre. Ce n'est qu'en octobre 1918 que l'avance reprend, sachant qu'un armistice est en cours de négociation et dans le but d'occuper le plus de territoire possible et de renforcer la position de négociation.

En deux jours, 120 km ont été avancés, l'armée turque a finalement été vaincue et le 14 novembre 1918, alors que l'armistice était déjà en place, Mossoul était occupée.

Dans le Caucase, les Turcs ont combattu la Russie avec plus ou moins de succès. De nombreux Arméniens, l'un des plus grands groupes de population de la partie orientale de l'Empire, ont rejoint les Russes dans l'espoir de créer leur propre État national. En conséquence, les dirigeants militaires turcs ont fait si peu confiance aux Arméniens pendant la guerre qu'ils ont ordonné la déportation de toute la population arménienne dans le désert syrien. Cela a conduit au génocide arménien, qui a fait entre 500 000 et 1,5 million de victimes.

La méfiance du gouvernement turc à l'égard des minorités ethniques et religieuses a également conduit au génocide grec contre les Grecs pontiques, au génocide assyrien contre les Suryoye et à la grande famine des Monts du Liban contre les Druzes et les Maronites.

Après la guerre, la région a été divisée en plusieurs protectorats. La France, le Royaume-Uni et la Russie ont chacun reçu une partie du Moyen-Orient, et la Turquie elle-même a été divisée entre les Grecs, les Russes, les Italiens, les Arméniens, les Français et les Britanniques par le traité de Sèvres en 1920. Cependant, la guerre au Moyen-Orient se poursuit sous la forme de plusieurs guerres d'indépendance, comme la guerre d'indépendance turque qui invalide le traité de Sèvres.

Afrique et Asie

Le modeste empire colonial de l'Allemagne a été démantelé relativement facilement. Partout, les Allemands sont numériquement très supérieurs en nombre et coupés de leur mère patrie. Le Togoland allemand, le Cameroun et l'Afrique du Sud-Ouest allemande sont déjà occupés par les Alliés en 1914 et au début de 1915.

Une armée de 60 000 Japonais encercle la petite garnison allemande de Kiautschou. Plusieurs îles du Pacifique sont également occupées par les Japonais, tandis que les Britanniques occupent l'empereur Wilhelmsland et les îles Salomon de l'Australie.

La Chine déclare la guerre à l'Allemagne et envoie des milliers de travailleurs dans les tranchées pour des travaux de soutien.

Le Japon n'a pas envoyé un seul homme au front après avoir occupé les colonies et concessions allemandes, mais il a lancé un ultimatum à la Chine (les Alliés ont d'ailleurs sifflé le Japon en retour). L'attribution des concessions allemandes en Chine à l'ennemi juré, le Japon, est particulièrement mal perçue par les Chinois, mais aussi par de nombreux Américains, dont Woodrow Wilson.

Ce n'est qu'en Afrique orientale allemande, qui deviendra plus tard la Tanzanie, que les Allemands, dirigés par Paul von Lettow-Vorbeck, résistent jusqu'après l'armistice de 1918.

La guerre aérienne

Au départ, la guerre aérienne a joué un rôle modeste. Les avions n'ont été utilisés, comme lors des guerres des Balkans, que pour des vols de reconnaissance. La première bataille aérienne a eu lieu lorsqu'un avion de reconnaissance serbe a rencontré un avion austro-hongrois en août 1914. Le pilote a sorti un revolver et a tiré sur l'avion serbe. Immédiatement, tous les pilotes ont été équipés de revolvers, puis de mitrailleuses embarquées.

La reconnaissance était et reste le principal objectif de l'avion. Le bombardement a également eu lieu, mais cela nécessitait que le pilote tienne la bombe entre ses jambes et travaille lui-même sur l'appareil. Des zeppelins ont également été utilisés. Ces mastodontes pouvaient transporter davantage de bombes et étaient fréquemment utilisés par les Allemands pour bombarder Londres.

Cependant, ils constituaient également une cible facile et étaient très vulnérables en raison de leur taille et de leur contenu en hydrogène. Outre la reconnaissance et le bombardement, l'intimidation de la population était un objectif du déploiement des avions et des zeppelins.

Les nombreux "dogfights" entre les pilotes allemands et alliés sont célèbres.

Manfred von Richthofen, ou le Baron Rouge, a remporté 80 victoires. Le Français René Fonck n'était pas loin derrière avec 75. Hermann Göring, le futur maréchal de l'air et fidèle du parti nazi, était également un pilote de guerre.

Participation des États-Unis à la guerre

L'Allemagne répond au blocus des Alliés par l'arme sous-marine. Les sous-marins allemands écument les mers et torpillent les navires marchands. Outre les navires alliés, des navires neutres ont aussi été occasionnellement touchés, comme le Lusitania.

De nombreux pays neutres, dont les États-Unis, accusent les Allemands de cette situation. Cependant, les Américains se sont longtemps tenus à l'écart de cette guerre, qu'ils considéraient comme une affaire européenne, en raison de la doctrine Monroe.

Il n'y a pas eu de mouvement sur les fronts en 1917. Une tentative allemande de détruire la flotte britannique pour briser le blocus avait échoué lors de la bataille navale du Jutland en 1916.

Les Allemands détruisent plus de navires que les Britanniques, mais ne s'aventurent plus en haute mer. Une guerre sous-marine illimitée donnerait la possibilité d'isoler le Royaume-Uni et de le forcer à se rendre. Cependant, cela pourrait conduire à une guerre avec les États-Unis.

Les Allemands poursuivent leur plan, mais tentent de convaincre le Japon et le Mexique de se joindre aux Centraux pour distraire les Américains. Un télégramme à cet effet (télégramme Zimmermann) a été intercepté par les services secrets britanniques et transmis au gouvernement américain.

En réponse à cela, et à la guerre sous-marine sans restriction, le président Woodrow Wilson, qui était aux mains des Alliés depuis le début, a pu convaincre le Parlement américain de déclarer la guerre à l'Allemagne le 6 avril 1917.

Les Mexicains étaient sortis de la révolution mexicaine et n'avaient pas besoin d'une autre bataille. Le Japon n'avait pas besoin de changer de camp.

La présence américaine, surtout au début, avait une valeur purement psychologique. Aussi colossale que soit la marine américaine, leur armée terrestre était petite. La main-d'œuvre est abondante, mais l'armement est insuffisant. Les canons ont dû être empruntés aux Britanniques.

Cependant, les Allemands doivent faire face à une nouvelle armée qui ne cesse de croître. Leurs sous-marins sont insuffisants pour arrêter les convois de guerre. Le temps joue en leur défaveur : de plus en plus de troupes affluent en Europe et les usines d'armement américaines intactes tournent à plein régime. La bataille de l'Escaut a été menée avec un déploiement important de troupes terrestres américaines. Le cimetière et mémorial américain de Flanders Field en est un témoin silencieux.

Liste des plus importantes batailles du front occidental

- La bataille des frontières
- Forts autour de Liège
- Bataille d'Halen, Bataille des Casques d'argent
- Forts d'Anvers
- Première bataille de Bergen
- Deuxième bataille de Bergen
- Bataille de l'Yser
- Bataille d'Ypres
  - Première bataille d'Ypres
  - Deuxième bataille d'Ypres
  - Troisième bataille d'Ypres
  - Quatrième bataille d'Ypres, offensive de la Lys
- La bataille des mines à Messines

101

- Bataille de Passchendaele
- Bataille de la Marne
- Chemin des Dames
- Bataille de Verdun
- Fort Douaumont
- Bataille de la Somme
- Bataille de Cambrai
- Ligne Hindenburg
- Kaiserschlacht
- Bataille de l'Escaut

Autres batailles clés :

- Bataille de Neuve-Chapelle
- Bataille de l'Artois
- Bataille en Champagne
- Bataille de Loos
- Bataille de Nivelle
- Bataille d'Arras
- La bataille d'Amiens

La grippe espagnole

En 1918, une vague de grippe s'est répandue dans le monde entier. Son existence a été connue par les médias espagnols, qui ont commencé à parler d'une vague de grippe dans laquelle les gens mouraient.

En conséquence, la grippe a rapidement été appelée la grippe espagnole. Cette vague de grippe semble provenir des troupes américaines envoyées en Europe. Les Américains ont également infecté d'autres corps d'armée : les Britanniques, les Français et finalement les Allemands. Lorsque les troupes sont rentrées après la guerre, la grippe s'est propagée lors des défilés festifs au cours desquels les troupes étaient accueillies.

Contrairement à la plupart des maladies, la grippe espagnole a touché mortellement non seulement les petits enfants et les personnes âgées, mais aussi les personnes âgées de 20 à 40 ans.

En outre, la résistance de nombreux individus a été mise à mal. Selon des estimations prudentes, cette pandémie a fait 20 millions de morts ; les estimations plus élevées vont jusqu'à 100 millions. Si l'on compte ces victimes comme des décès résultant de la Première Guerre mondiale, le nombre total de morts dépasse celui de la Seconde Guerre mondiale, ce qui en fait le conflit le plus meurtrier que l'humanité ait jamais connu.

Objecteurs de conscience

Il y avait aussi ceux qui refusaient le service par objection de conscience.

Aux Pays-Bas, par exemple, il y avait le Dienstweigeringsmanifesto 1915, et aux États-Unis, les objecteurs de conscience étaient des "objecteurs de conscience".

Parmi eux figuraient les frères "huttérites" Jacob, Michel et David Hofer et leur beau-frère Jacob Wipf, le catholique romain Ben Salmon (qui a également été condamné par sa propre église américaine), Roger Baldwin (qui a fondé l'American Civil Liberties Union).

Ils ont été incarcérés et certains sont morts - négligés et maltraités - en captivité. La santé de beaucoup d'entre eux s'est avérée altérée après leur libération.

La fin de la guerre

Après la paix avec la Russie, les troupes allemandes du front de l'Est ont été amenées à l'Ouest, dans la mesure où elles n'étaient pas utilisées pour l'occupation.

Environ un demi-million de soldats sont revenus de l'Est. Au cours de l'été 1918, les généraux allemands Paul von Hindenburg et Erich Ludendorff ont décidé d'utiliser ces troupes une dernière fois. Les Allemands ont attaqué sur le front occidental en trois points :

1. Une offensive sur la Marne contre les Français (opération *Blücher-Yorck*) ;

2. Une offensive sur la Somme pour enfoncer un coin entre les Français et les Britanniques (opération *Michael*) ;
3. Une offensive contre les Britanniques et les Belges à Ypres dans les Flandres (opération *Georgette*).

À première vue, les offensives sur le front occidental sont un succès : les tranchées sont abandonnées et les Centraux gagnent un terrain considérable, ils sont à 50 kilomètres de Paris.

Les Allemands, avec les troupes autrichiennes, lancent également une offensive réussie contre l'Italie dans les Alpes. Les troupes italiennes ont été repoussées à des centaines de kilomètres dans leur propre pays. Le commandement de l'armée italienne est mis à sac et le moral déjà bas des troupes italiennes est complètement brisé.

Cependant, les offensives se sont arrêtées après un certain temps. Bien que les Italiens n'aient pas été en mesure d'opposer une résistance significative, l'armée autrichienne était épuisée par la guerre à la fin de l'été et ne pouvait pas pousser plus loin en Italie par ses propres moyens. L'offensive des Allemands sur le front occidental s'enlise également dans une autre bataille de tranchées.

Les Alliés reprennent l'initiative et décident à l'automne d'ouvrir un troisième front et de le faire là où ils voient les meilleures chances de victoire. Une armée écrasante de 900 000 soldats alliés débarque dans la ville côtière grecque de Thessalonique, dans le but d'attaquer la Bulgarie, alliée des Centraux.

Ainsi, la Grèce neutre est entraînée dans la guerre, mais avec le consentement des Grecs eux-mêmes : une partie de la Bulgarie leur sera attribuée après la guerre. Les Alliés lancent également une immense offensive à l'Ouest, avec l'aide des Américains nouvellement arrivés, contre l'Allemagne. Sous l'influence de cette offensive, combinée à d'autres événements et à une révolution allemande, les Alliés finiront par gagner la guerre.

La chute des Centraux à l'automne 1918 est rapide. Après quelques batailles, la Bulgarie est vaincue et signe un armistice le 29 septembre 1918. La révolte des Arabes contre l'Empire ottoman entraîne également des divisions internes et les Ottomans capitulent devant les Français et les Britanniques le 30 octobre 1918. Les Britanniques et les Français ont divisé le Moyen-Orient.

Il est faux de penser que les Alliés ont fait de gros efforts de guerre contre l'Autriche-Hongrie. L'Italie n'avait déjà jamais été un parti fort, mais son armée était maintenant complètement à couteaux tirés. D'autres problèmes se posent en Autriche-Hongrie : le pays est lui-même fatigué par la guerre et il existe des divisions internes. Le nationalisme slave joue un rôle croissant dans la monarchie des Habsbourg vers la fin de la guerre. Le 18 octobre 1918, la Tchécoslovaquie a déclaré son indépendance. Plusieurs minorités slaves (Croates, Serbes, Bosniaques) ont suivi, et même la Hongrie a fini par dénoncer la double monarchie avec l'Autriche.

On a demandé une trêve aux Italiens, mais ils ont refusé. L'armée italienne a vu sa chance et a rapidement reconquis les territoires précédemment perdus et a repoussé les Autrichiens de plus en plus loin. Son objectif était la ville de Trieste sur la côte Adriatique.

Après la fin de la guerre, les Italiens se sont vus accorder plusieurs régions, dont le Tyrol du Sud germanophone.

Mais les Italiens ont estimé qu'ils avaient reçu trop peu lors des négociations à Versailles, en France. Le négociateur italien Orlando a même quitté les négociations avec colère. Le fascisme est alors rapidement né en Italie et dès les années 1920, Mussolini arrive au pouvoir.

Avec la chute de l'Autriche-Hongrie, les généraux allemands Hindenburg et Ludendorff savent que c'est fini. Le moral de l'armée allemande est au plus bas, d'autant plus que les Alliés ont convenu avec les Autrichiens que les troupes pouvaient se déplacer librement sur le territoire : toute la frontière terrestre sud de l'Allemagne est ainsi menacée d'invasion par les Alliés.

De plus, les offensives allemandes sont au point mort depuis un mois ou deux et la situation actuelle n'offre aucune perspective de victoire.Les armées allemandes manquent finalement de tout et la révolution se profile.Par l'intermédiaire du général Wilhelm Groener, ils informent le Kaiser qu'ils ne peuvent plus compter sur la loyauté de l'armée allemande. Le raidissement de la résistance en Flandre n'est qu'apparent : tout manque, jusqu'aux uniformes. Les Allemands commencent à se retirer de la Belgique et finissent même par abandonner les territoires qu'ils avaient occupés pendant quatre ans. Les Alliés ont réalisé d'immenses gains de terrain.

Les dirigeants de la marine allemande prévoient une dernière bataille contre la flotte britannique, même s'il n'y a plus rien à gagner. Mais les marins et les marines impliqués savaient désormais que c'était totalement futile et ne ressentaient pas le besoin de perdre d'autres vies pour une guerre perdue.

Une rébellion des marins dans les villes portuaires du nord de l'Allemagne éclate et s'étend à tout le pays. La révolution allemande avait été déclarée au début du mois de novembre 1918, abolissant finalement la monarchie et déclarant la république allemande ; l'empereur s'est enfui aux Pays-Bas où il est mort en 1941.

Des négociations, menées par des civils, ont eu lieu et un armistice a été conclu. L'armistice est signé le 11 novembre 1918, à 5 heures du matin, par le commandant français Ferdinand Foch et la délégation allemande, mais ne prend effet qu'à 11 heures. Au cours de ces six dernières heures, il y a eu encore de nombreuses victimes des deux côtés, même si la capitulation avait déjà été signée. Le fait que la capitulation ait été signée par des civils et non par des autorités militaires est très important : les nazis ont par la suite tiré parti de ce fait en attribuant la défaite à "un coup de poignard dans le dos des troupes par des éléments rouges". Cette histoire continuera à circuler comme la légende du coup de poignard.

Le traité de Versailles a suivi en 1919.

Impact

Outre les dommages directs, la guerre a eu un large éventail de conséquences politiques, économiques et sociales. Le monde d'avant la "Grande Guerre" a disparu à jamais. La suprématie mondiale de l'Europe, qui a duré des siècles, était terminée. La croyance optimiste du XIXe siècle dans le progrès a fait place à un pessimisme culturel.

Victimes

Les combats ont bien sûr eu pour conséquence directe de détruire la vie de nombreuses personnes dans les zones concernées. Des millions de jeunes hommes (dans les États belligérants, une grande partie de la génération des 16 à 30 ans) ont perdu la vie en tant que conscrits ou volontaires, beaucoup ont été mutilés à vie et des millions de civils sont devenus des réfugiés. La carte ci-dessous montre combien de soldats ont été enrôlés par pays belligérant et combien ont été tués. Les chiffres indiqués pour l'Angleterre incluent également les régions qui faisaient partie de l'Empire britannique à l'époque.

En plus de cela, des millions d'animaux (chevaux, ânes, mais aussi éléphants, chiens et pigeons voyageurs) sont morts pendant la Première Guerre mondiale, utilisés entre autres pour le transport et la communication : les voitures étaient encore relativement peu nombreuses. Pour eux, le Mémorial des animaux en guerre a été érigé dans le Hyde Park de Londres en 2004.

La Première Guerre mondiale a profondément remanié les cartes de l'Europe et du monde. De nouveaux États sont apparus en Europe et au Moyen-Orient.

D'innombrables autres conflits internationaux naîtraient de ces nouvelles frontières. En Russie, le communisme avait pris le pouvoir et l'Union soviétique allait naître. La Pologne retrouve son indépendance et les États baltes sont créés.

L'Empire allemand est remplacé par la République de Weimar, qui vacille. La double monarchie austro-hongroise a disparu. Les Balkans se sont désintégrés en États distincts, dont le Royaume des Serbes, Croates et Slovènes (rebaptisé Royaume de Yougoslavie en 1929). L'Empire ottoman cède la place à la République de

Turquie. La Palestine a été occupée par les Britanniques et transformée en territoire sous mandat britannique en 1922. Une seule guerre a ainsi mis fin à quatre empires dynastiques séculaires : les Romanov (1917), les Habsbourg (1918), les Hohenzollern (1918) et les Ottomans (1923). L'Europe avait été affaiblie par la guerre. Plus tard, après la Seconde Guerre mondiale, l'Union soviétique et les États-Unis prendront en charge les États les plus touchés.

Impact **économique** et social

Outre les dommages directs, les dommages économiques ont également été énormes. Des pays comme la France, l'Allemagne, l'Italie et la Grande-Bretagne se débattent avec une dette énorme, tandis que, surtout dans les anciennes zones de combat, de nombreuses usines, etc. sont en ruines.

Les pays neutres ont également souffert de la guerre. Les Pays-Bas ont connu une pénurie de charbon, ce qui a obligé à réduire les services ferroviaires et à augmenter les tarifs des trains pour freiner le transport. Le commerce par voie maritime a été entravé, provoquant toutes sortes de pénuries. Aux Pays-Bas, des civils ont également été appelés à renforcer l'armée.

L'"innocente Europe éclairée" du 19e siècle a disparu. Les États ont adopté une ligne dure les uns envers les autres. Des tarifs douaniers ont été introduits ou augmentés et, dans les années 30, les pays ont dévalué leur monnaie sans consulter les autres pays.

Le mot d'ordre n'était pas la coopération, mais la méfiance et l'antagonisme. Cela a exacerbé la Grande Crise qui a duré de 1929 à 1930. Outre le niveau de l'État, cela a également eu un effet au niveau de l'"homme du peuple".

Des idéologies autoritaires telles que le communisme et le fascisme sont apparues. Elles sont alimentées en partie par des vétérans aigris, psychologiquement disloqués par leurs expériences et qui ne s'intègrent plus dans la société (en particulier dans les pays perdants, qui sont encore plus affectés par des traités de paix trop sévères).

Ils ont trouvé refuge dans diverses escouades qui se prêtaient à des mouvements politiques. Les SA, les Fasci di Combattimento, les Croix fléchées, la Garde de fer et les voyous du KPD (Kommunistische Partei Deutschlands) en

117

sont des exemples. Les modérés étaient pris entre ces deux feux violents. Dans de nombreux pays, la démocratie a donc été remplacée par l'autoritarisme.

Les bagarres, composées de vétérans aigris, se sont engagées dans des combats entre eux, avec des modérés, ou avec quiconque dont le visage ne leur convenait pas, peu importe. Certains historiens y voient une cause de la "brutalisation" de la société ("violence insensée").

Les travailleurs et les soldats des colonies ont été "infectés" par le nationalisme et le communisme. Les "Blancs supérieurs" ont utilisé les ressources des colonies pour se battre les uns contre les autres. Les graines des mouvements de libération ultérieurs comme le Vietminh et le PKI ont ainsi été semées.

Les Alliés ont imposé des conditions de paix très dures aux Centraux. Les frontières étaient tracées de manière tout à fait arbitraire, les intérêts politiques l'emportant sur ceux des personnes qui vivaient là.

Outre les flux de réfugiés, les traités ont également engendré des sentiments latents de haine et de vengeance. C'est au cours de la Seconde Guerre mondiale qu'elles trouveront leur expression. Le concept de "guerre totale" est né.

Les syndicats ont été récompensés pour leur soutien à la guerre par une reconnaissance. Il en va de même pour le droit de vote des combattants : le suffrage universel unique (un homme, une voix) et (plus tard) le suffrage des femmes sont introduits.

Les femmes étaient censées occuper les places libres dans les usines et les ateliers. Cela leur a donné une liberté qu'ils n'avaient jamais eue auparavant. Elles ont réalisé qu'elles étaient tout à fait capables de faire elles-mêmes beaucoup de travaux d'hommes et ont pris confiance en elles.

Les femmes n'ont pas abandonné leurs positions après la guerre, ce qui a donné un énorme élan au féminisme. En Belgique, la guerre a également révélé des abus linguistiques. Les officiers francophones (à l'arrière du front) donnaient des ordres aux soldats flamands au front.

Cela a donné un élan à la bataille linguistique, mais plusieurs soldats ont été punis en raison de leur flamandité. Par exemple, 10 soldats de première ligne ont été exilés dans une compagnie disciplinaire dans l'Orne, en Normandie. Connus sous le nom de *bûcherons de l'Orne,* ils devaient effectuer des travaux forcés dans des conditions de vie très difficiles.

C'est une guerre qui a commencé avec les tactiques militaires de la guerre franco-allemande de 1870. Avec des charges de cavalerie, un déploiement massif d'infanterie et des attaques à la baïonnette tout aussi massives, bien que futiles. Du côté français, par exemple, cette tactique avait été pratiquée à fond. Le nom de cette tactique (appelée l'*Elan*) consistant à attaquer avec de grands groupes d'infanterie sous une forme offensive était : *Offensive à Outrance* (*attaque à l'extrême*).

C'est aussi une guerre qui se terminera par les tactiques de la Seconde Guerre mondiale : dans cette guerre, les chars et les avions ont pris part au combat pour la première fois. Mais surtout, c'est la guerre qui va anéantir une génération entière d'Européens.

Au total, la bataille a tué près de neuf millions de soldats et un million de civils. En outre, près de six millions de civils sont morts de faim et de maladie.

Le Kaiser Wilhelm II a écrit après la guerre dans son lieu d'exil Doorn dans ses *Kriegserinnerungen* :

> *"Quand je repense à ces quatre difficiles années de guerre, avec leurs amoncellements et leurs défaites, avec leurs triomphes éclatants et leurs pertes de sang précieux, un sentiment de fervente gratitude et d'admiration impérissable pour les hauts faits sans pareils du peuple allemand en armes brille en moi..."*

Lightning Source UK Ltd.
Milton Keynes UK
UKHW010648030123
414755UK00015B/739